Stăpânirea Brâ

100 de tehnici și rețete simple pentru a-ți crea propria brânză de la zero

Alecu Sava

Cuprins

INTRODUCERE

Fabricarea brânzei este un meșteșug străvechi care a fost transmis de-a lungul generațiilor, transformând ingrediente simple precum laptele într-o mare varietate de brânzeturi delicioase și aromate. Prepararea brânzei acasă vă permite să creați produse proaspete, artizanale, adaptate preferințelor dvs. de gust, fără conservanți și aditivi care se găsesc în mod obișnuit în soiurile cumpărate din magazin. Procesul este atât plin de satisfacții, cât și educațional, oferind o perspectivă asupra chimiei alimentelor pe măsură ce înveți să controlezi textura, aroma și învechirea brânzei   tale.

Cu instrumentele potrivite și puțină răbdare, prepararea brânzei acasă poate fi o activitate distractivă și plăcută atât pentru începători, cât și pentru bucătarii experimentați. Indiferent dacă creați o mozzarella moale, cremoasă sau un cheddar ferm și picant, brânza de casă deschide ușa creativității în bucătărie, permițând experimentarea cu diferite tipuri de lapte, culturi și arome.

Acest ghid vă va ghida prin elementele de bază ale fabricării brânzei, de la selectarea ingredientelor până la îmbătrânirea creației, ajutându-vă să stăpâniți arta fabricării brânzei în propria casă.

REȚETE DE BRÂNZĂ

1. Brânză de casă

PRODUSE NECESARE

- lapte proaspăt - 10 litri de oaie proaspătă
- Mai -1 lingură pentru brânză (20 picături / 20 ml)
- Sare - 200 g per 1 litru de apă ca înlocuitor pentru sărare + 120 g per 1 litru de apă ca înlocuitor pentru depozitare

MOD DE PREPARARE

1. Laptele proaspăt de oaie se filtrează și se încălzește la 70 de grade timp de aproximativ 10 minute și nu trebuie să fiarbă. Se lasa apoi sa se raceasca la 33-34 de grade. Drojdia prediluata cu apa fiarta si racita in raport de 1. admit: zece.

2. Se amestecă bine și se lasă laptele să se coaguleze 1 oră la această temperatură, apoi se toarnă în cârpă și se scurge timp de 2 ore, separând zerul.

3. Apoi puneți brânza într-o sită și stoarceți-o cu greutăți, lăsați-o să se odihnească cel puțin 6 ore, apoi tăiați-o în bucăți individuale și înmuiați-o ca sarea.

4. Pentru prima sinterizare ai nevoie de 1 litru de apă și 200 g de sare, în care brânza

trebuie să se odihnească minim 24 de ore, apoi se transferă în a doua tot pentru păstrare, care se prepară din 120 g de sare la 1 litru de apă. într-o cameră cu o temperatură de aproximativ 10 grade.

5. Brânza este gata de consumat după 60 de zile și poate fi păstrată la frigider.

2. Branza copta

PRODUSE NECESARE

- Brânză - 500-600 g saramură tare
- ardei roşu - 1 lingură.
- Rozmarin - 1 - 2 linguri
- consistent - 1 lingura.
- Cimbru - 1 lingura.
- Ulei de măsline - 3 linguri.

MOD DE PREPARARE

1. Tăiaţi brânza în 4-5 dreptunghiuri. Ungeţi fiecare bucată cu puţin ulei de măsline şi stropiţi uniform cu câteva dintre condimente.

2. Înfăşuraţi bucăţile de brânză în folie de aluminiu şi coaceţi în cuptorul preîncălzit sau grătar. Coaceţi aproximativ 10-15 minute. Serveste branza copta direct cu folie si orneaza cu ceapa proaspata tocata si legume proaspete.

3. Pâine cu brânză

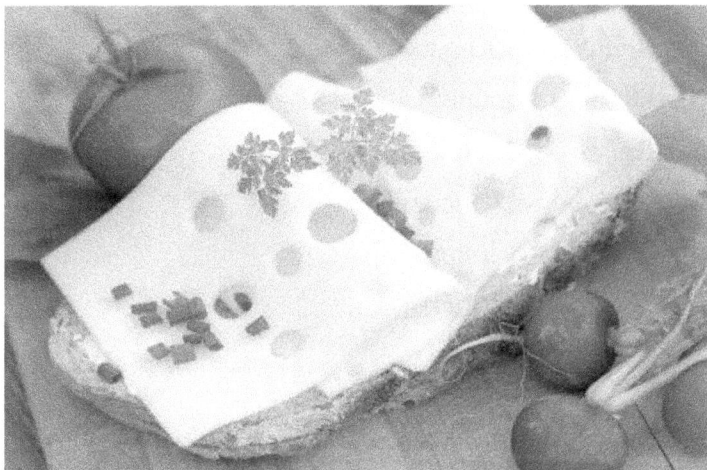

PRODUSE NECESARE

- Brânză - 500 g
- Ulei - 3 linguri.
- Bere - 100 ml
- Ouă - 4 - 5 bucăți
- Pesmet - 1 linguriță.
- Făină - 2 lingurițe.
- Sare - 2 vârfuri

MOD DE PREPARARE

1. Separam albusurile de galbenusuri. Bateți gălbenușurile cu berea și adăugați făină până obțineți o pastă foarte groasă. Apoi bate albusul cu un praf de sare si adauga cu grija in galbenusul de ou.
2. Se încălzeşte uleiul într-o tigaie adâncă și se taie brânza în bucăți de mărimea dorită, care a stat 15 minute la frigider. Rulați fiecare bucată în amestec, apoi întoarceți pesmet și prăjiți pe ambele părți.
3. Daca doriti o pane mai groasa, rulati de doua ori in amestec si in pesmet. Scurgeți brânza finită pe hârtie de bucătărie. Serviți cu o garnitură la alegere.

4. crema de branza

PRODUSE NECESARE

- lapte proaspăt - 1 litru
- Drojdie de brânză - 5 picături

MOD DE PREPARARE

1. Trebuie folosit lapte natural real, nu din magazin!
2. Se încălzește laptele la cca. 40 de grade, adăugați drojdia, amestecați. El stă în instanță aproximativ 1 oră.
3. Se toarnă într-o cârpă de brânză. Se toarnă zerul. Apoi sare și, ca pe o cârpă de brânză, apăsați între două scânduri de lemn timp de aproximativ 1 oră.
4. În cele din urmă, scoateți prosa de brânză și tăiați-o în porții.

5. Branza la gratar

PRODUSE NECESARE

- Brânză - 300 g
- Făină - 1 lingură.
- Roșii - 1 buc.
- Pătrunjel - tocat mărunt
- Unt - 1 lingura.

MOD DE PREPARARE

1. Se încălzeşte foarte bine sacha şi se adaugă uleiul.
2. Tăiați brânza în bucăți dreptunghiulare, apoi rulați în făină pe toate părțile.
3. Prăjiți brânza în untul încălzit până când are o crustă crocantă.
4. Luați sacha de pe foc şi puneți roşiile feliate în jurul brânzei.
5. Se presara cu sare si patrunjel tocat marunt.

6. Cheesecakes

PRODUSE NECESARE

- iaurt - 1/2 linguriță.
- ouă - 1 bucată
- sare - 1 linguriță.
- zahăr - 1 linguriță.
- ulei - 1 lingura.
- praf de copt - 1 linguriță.
- făină - 2 - 2 și 1/2 linguriță.
- brânză - 200 g

MOD DE PREPARARE

1. Amesteca intr-un castron iaurtul, oul, zaharul, sarea, uleiul, batand-le bine cu un tel de sarma.
2. Framantam treptat aluatul adaugand faina cernuta cu praful de copt. Ar trebui să obțineți un aluat moale, ușor lipicios.
3. Transferați-l pe un blat de bucătărie cu făină și modelați o rolă, pe care trebuie să o tăiați în 10 bucăți. Din ele se formează plăcinte delicioase, punând în mijloc puțină brânză.
4. Strângeți bine marginile și rulați-le pe plită pentru a face cheesecake-urile netede.

5. Prăjiți cheesecake-urile de casă în grăsime fierbinte la foc mic. Scoateți plăcintele finite pe un grătar. Serviți la micul dejun.

7. Briose cu brânză

PRODUSE NECESARE

- Ouă - 1 bucată
- Praf de copt - 3 - 4 lingurițe.
- Sare - 1/2 linguriță.
- zahăr - 1/2 linguriță.
- Oregano - 1/4 linguriță. sau copios
- Iaurt - 3/4 linguriță.
- Unt - 2 linguri.
- Făină - 2 lingurițe.
- Brânză - 2/3 linguriță. rupt
- Măsline - 1/3 linguriță. tăiat, opțional

MOD DE PREPARARE

1. Preîncălziți cuptorul la 180 de grade și pregătiți 12 forme de brioșe ungându-le ușor.
2. Se amestecă făina cernută cu praful de copt, sarea, zahărul și oregano.
3. Bateți oul separat cu iaurtul, apoi adăugați brânza și măslinele.
4. Adăugați amestecul de făină la acest amestec, amestecând constant.
5. Întindeți aluatul de brioșe cu brânză în forme.

6. Fără să debordeze, umpleți brioșele până la 1-2 degete sub buză (în funcție de formă).
7. Se coace 15-20 de minute.

8. Tava cu branza topita

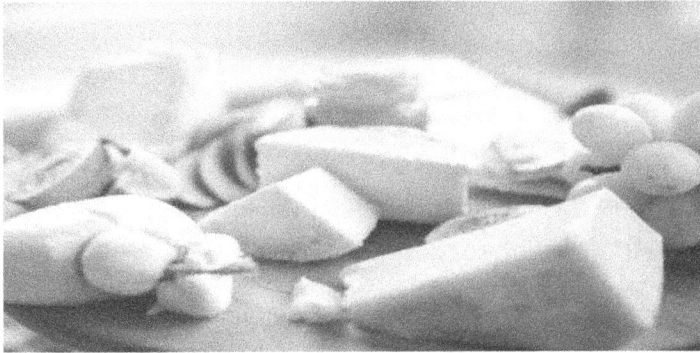

PRODUSE NECESARE

- brânză topită - 1 buc.
- Făină - 200 g
- fulgi de porumb
- Ouă - 2 buc.
- Apa - cu gheata

MOD DE PREPARARE

1. Tăiați brânza topită în felii de aproximativ 1 cm grosime.
2. Scufundați-le în apă rece, apoi în făină, ouă și fulgi de porumb.
3. Se prajesc in ulei la foc mare. Scoatem branza pane preparata pe hartie.
4. Felia de brânză topită a fost servită ca starter sau starter de vin.
5.

9. Sufle de brânză

PRODUSE NECESARE

- iaurt - 250 g
- orez - 300 g
- brânză - 150 g
- ulei - 50 g
- ouă - 3 buc.
- piper

MOD DE PREPARARE

1. Orezul se fierbe in lapte diluat cu 300 ml. apă.
2. Dupa ce s-a racit, amestecam cu untul batut, la care am adaugat unul cate unul galbenusurile, branza rasa, albusurile batute spuma, piper negru si sarea.
3. Se toarnă amestecul într-o tavă unsă cu unt și deasupra se rade brânza galbenă și se coace.

10. rulada de brânză

PRODUSE NECESARE

- Apă - 1,5 linguriță.
- Ulei - 1 lingura
- Făină - 1,5 linguriță
- Brânză - zdrobită 250 g
- Ouă - 2 buc.
- piper
- Ulei pentru prajit

MOD DE PREPARARE

1. Aduceți apa la fiert și adăugați uleiul. Se toarnă făina dintr-o dată și se amestecă rapid pentru a obține un aluat fin.
2. Adăugați brânza și luați de pe foc. Cand se raceste adaugam ouale batute. Se încălzește uleiul, se ridică amestecul cu o lingură umedă și se prăjesc rulourile.
3. Serviți rulourile cu mai multă brânză și gem.

11. Cremă de brânză vegană

PRODUSE NECESARE

- Lapte de soia - 1 litru
- Oțet de mere - 1 linguriță.
- Ulei de măsline - 1 lingură.
- sare de Himalaya - 1 linguriță.
- Pudră de usturoi - 1/2 linguriță.
- Pudră de mărar - 1/2 linguriță.
- piper alb - 1/2 linguriță.
- Pătrunjel - 1 lingură. proaspăt

MOD DE PREPARARE

1. Puneți laptele de soia într-o cratiță potrivită și aduceți la fierbere la foc mediu.
2. După ce fierbe laptele, adăugați oțetul de mere și începeți să amestecați ușor.
3. Scopul este să tăiați laptele și să obțineți ceva ca brânză de vaci.
4. Se toarnă brânza rezultată în cârpă și se scurge bine.
5. După scurgere, se transferă într-un vas potrivit, se adaugă ulei de măsline și condimente în crema de brânză de casă și se amestecă bine până se obține o cremă de brânză vegană fină și netedă.

12. rulada de brânză

PRODUSE NECESARE

- Iaurt - 1 linguriță.
- Ulei - 120 g
- Ouă - 1 buc.
- Praf de copt - 1 linguriță.
- Sare - 1½ linguriță
- Făină - aproximativ 1 kg
- Ouă - 2 buc.
- Brânză - 100 g

MOD DE PREPARARE

1. Framantam un aluat moale pentru rulouri de faina, ou si iaurt, in care batem sifonul, sarea si uleiul.
2. Împărțiți aluatul în două și întindeți foi de aproximativ 1 cm grosime și tăiați în pătrate de 5 x 5 cm.
3. Pregătiți o umplutură din două ouă și brânză rasă. Puneți o parte din umplutură pe fiecare bucată într-un colț și rulați-o în diagonală ca o chiflă.
4. Ungeți chiflele rulate cu ou și coaceți într-un cuptor moderat.

13. Brânză de capră la cuptor

PRODUSE NECESARE

- brânză de capră - 120 g
- ulei de măsline - 1 lingură.
- ardei roşu - 1/2 linguriță.
- roşii - 1 buc.

MOD DE PREPARARE

1. Pe fundul unei tigaie sau cratita in care va fi copta branza se picura putin ulei de masline.
2. Din branza se taie o farfurie sau o felie si se pune intr-o tava unsa cu unt.
3. Stropiți brânza cu boia şi puțin ulei de măsline.
4. Roşia se taie şi felii, care se aranjează deasupra şi lateralele brânzei de capră.
5. Se da la cuptor si se coace la 200 de grade pana se inmoaie si marginile rosiilor incep sa se rumeneasca.
6. Brânza coptă se consumă încă caldă şi este un aperitiv ideal pentru vinul roşu.

14. Spanac cu branza

PRODUSE NECESARE

- Spanac - 1 kg
- Brânză - 250 g
- lapte proaspăt - 220 ml
- Ouă - 2 buc.
- Unt - 70 g

MOD DE PREPARARE

1. Spanacul se curata si se spala, se taie bucatele mici si se fierbe in ulei si putina apa. Batem ouale si adaugam branza rasa. Se diluează cu lapte.

2. Se pune spanacul la aburi intr-o tava unsa cu unt, se condimenteaza cu sare si se toarna peste amestecul de mai sus.

3. Peste el se toarnă untul rămas în bucăți. Coaceți în cuptor. Puteți înlocui cu ușurință brânza cu brânză galbenă sau brânză de vaci.

15. chifle cu brânză

PRODUSE NECESARE

- Făină - 120 g
- Ulei - 90 g
- Apă - 225 ml
- Sparge ouă - 3 buc
- Sare - 1 praf

PENTRU Umplutura

- Gruyere - 75 g
- mental - 75 g
- Ouă - 1 buc. rupt
- Coniac - 2 lingurițe.
- Gălbenuș de ou - 1 buc. rupt

MOD DE PREPARARE

1. Cerneți făina cu sarea. Topiți untul în apă și aduceți la fiert. Se ia de pe foc si se amesteca cu faina. Bate până se omogenizează.
2. Lasam sa se raceasca si adaugam ouale batute. Modelați aluatul rezultat în bile de mărimea unei nuci și coaceți în cuptorul preîncălzit la 220 de grade pentru 10-15 minute.

3. Pentru a nu se lipi, puneți pe hârtie de copt unsă și coaceți. Scoateți-le din cuptor și reduceți temperatura la 200 de grade.

4. Pentru umplutură se bate brânza rasă cu oul și țuica. Faceți o gaură în chiflă și umpleți-o cu amestecul. Ungeți cu gălbenușul de ou și puneți la cuptor pentru 5 minute pentru a se coace. Serviți imediat.

16. Melci cu brânză

PRODUSE NECESARE

- Cruste de tort - 1 pachet
- Unt - 1 plic
- Ouă - 3 buc.
- Brânză - 150 g

MOD DE PREPARARE

1. Se unge fiecare crusta cu unt topit. Stivuiți-le unul peste altul și rulați-le într-o rolă fermă.
2. Tăiați rulada în cercuri și aranjați într-o tavă unsă cu unsoare. Bateți ouăle și amestecați cu brânza rasă și untul rămas.
3. Turnați peste chiftele din tavă și coaceți la cuptorul moderat.

17. Conopida cu branza

PRODUSE NECESARE

- Varză - 2 kg de flori
- Unt - 100 g proaspăt
- Brânză - 150 g (sau 100 g brânză galbenă)
- Pătrunjel - ½ conexiune
- Sare dupa gust

MOD DE PREPARARE

1. Conopida curățată și spălată / conopida / tăiată în ramuri și pusă la fiert în apă cu sare până se înmoaie.
2. Poate fi gătit întreg și apoi tăiat.
3. Scurgeți apa, turnați untul topit fierbinte și stropiți cu brânză rasă sau brânză galbenă.
4. Se ornează cu o crenguță de pătrunjel și se servește.

18. Orez cu branza

PRODUSE NECESARE

- orez - 8 linguri.
- brânză - 3 lingurițe. spart
- roșii - 500 g
- usturoi - 2 capete
- ulei - 20 g
- ulei - 1 pachet. (125 g)
- pesmet - 3 - 4 linguri.
- frunze de dafin - 1 buc.
- patrunjel - 1/2 legatura
- piper

MOD DE PREPARARE

1. Spălați cu grijă orezul sub un jet puternic de apă rece. Se fierbe în 2 lingurițe. apă cu sare și scurgeți excesul de lichid.
2. Roșiile se fierb puțin în apă clocotită, apoi se curăță și se dau pe răzătoare. Ceapa se toaca marunt si se fierbe cu uleiul incins. Cand ceapa se inmoaie se adauga rosiile, foaia de dafin si patrunjelul tocat marunt. Fierbeți sosul de roșii până când apa se evoporă și se îngroașă.
3. Adaugati 1/2 din unt in sosul de rosii preparat si sare cu sare si piper.

4. Într-o tavă unsă în prealabil se pune un strat de orez, un strat de sos de roșii și un strat de brânză mărunțită. Alternati pana la epuizarea produselor, avand grija sa terminati cu un strat de branza.

5. Se presară vasul cu pesmetul zdrobit și se toarnă restul de unt pe care l-am fiert pe aragaz. Coaceți orezul cu brânză pentru aproximativ 30 de minute într-un cuptor preîncălzit la 180 de grade.

19. Sandvișuri cu brânză

PRODUSE NECESARE

- Brânză - 200 g
- Ouă - 2 buc.
- Pâine - felii albe
- Vaca-unt
- Paprika

MOD DE PREPARARE

1. Se zdrobește brânza într-un bol mai adânc, se adaugă ouăle, o jumătate de linguriță de apă și un praf de boia și se amestecă bine.
2. Ungeți feliile subțiri cu ulei și distribuiți amestecul deasupra.
3. Coaceți până se rumenesc.
4. Alte condimente pot fi folosite în loc de ardei roșu.

20. Ragu de brânză

PRODUSE NECESARE

- roșii - 1 kg
- varză - 1 varză de mărime medie
- orez - 2 linguri.
- unt - 1 pachet de vacă
- ceapa - 2 capete
- brânză - 1 1/2 linguriță.
- patrunjel - 1/2 legatura
- ouă - 3 buc.
- lapte proaspăt - 1 linguriță.

MOD DE PREPARARE

1. Prăjiți ceapa în jumătate de ulei, adăugați orezul și prăjiți câteva minute. Adaugati o rosie tocata marunt, turnati 2 cani de apa fierbinte si aduceti la fiert la foc mic. Tăiați roșiile rămase în felii.

2. Se curata varza, se indeparteaza stiuletul astfel incat sa ramana frunzele, care sunt inundate cu apa clocotita pentru a se inmuia. Într-o tavă unsă cu unt, aranjați felii de roșii, pe ele - un rând de frunze de varză. Jumatate din orez amestecat cu branza si patrunjel a fost intins pe frunzele de varza.

3. Se acopera cu un rand de frunze de varza si se aranjeaza deasupra un rand de rosii. Stropiți cu restul de unt topit. Coaceți timp de 20-30 de minute într-un cuptor preîncălzit moderat. Batem ouale cu laptele si turnam peste ragusul copt. Reveniți la cuptor pentru a coace până se rumenesc.

21. Brânză de bivoliță la cuptor

PRODUSE NECESARE

- Usturoi - 2 capete
- Brânză de bivoliță - 200 g
- Roșii - 2 buc.
- brânză galbenă - 70 g
- piper
- ulei de măsline

MOD DE PREPARARE

1. Adăugați puțin ulei de măsline pe fundul tigaii în care doriți să coaceți brânza. Curățați și feliați o ceapă.

2. Se pune intr-o tava unsa cu unt si deasupra aseaza branza de bivolita feliata. Tăiați roșiile felii și întindeți-le pe brânză. Se presara cu piper negru macinat si se termina cu branza galbena.

3. În acest caz, brânza galbenă este felii gata tăiate. Brânza se coace la 200 de grade timp de aproximativ 20 de minute.

4. Servește brânza coptă ca starter.

5. Brânză de bivoliță coptă foarte gustoasă și parfumată.

22. Buttercup cu branza

PRODUSE NECESARE

- Boia - 15 buc. Roșu
- Brânză - 300 g
- lapte proaspăt - 3 linguri.
- piper

MOD DE PREPARARE

1. Curățați ardeii de tulpini și semințe. Coaceți-le, căliți-le scurt într-o pungă de plastic și curățați-le de coajă.
2. Ardeii decojiti se toaca marunt, se sare si se zdrobesc intr-un mojar de lemn. Adaugam branza rasa cu o furculita, laptele proaspat si amestecam totul pana se formeaza o masa omogena.
3. Dacă doriți, puteți adăuga niște piper negru la acest buttercup cu brânză.
4. Serviți sosul iute preparat cu pâine de casă.

23. supă de brânză

PRODUSE NECESARE

- Ceapa - 2 cravate
- Ulei - 2 linguri.
- Făină - 2 s. L.
- Pâine - 600 ml.
- lapte proaspăt - 400 ml.
- Brânză - 300 g.
- Ouă - 1 buc.
- Crema - 100 g.
- Cimbru
- Pătrunjel
- piper

MOD DE PREPARARE

1. Ceapa tocata marunt se pune la abur in ulei, se adauga faina si se adauga bulionul si laptele, amestecand continuu.
2. Gatiti 5 minute, apoi adaugati branza rasa si amestecati. Sare cu piper negru, condimente cu condimente.
3. Completați cu gălbenuș de ou bătut și presărați pătrunjel.

24. Plăcinte cu brânză

PRODUSE NECESARE

- apă - 1,5 linguriță.
- unt - 50 g.
- sare - 1 praf
- piper negru - 1 praf
- făină - 125 g.
- ouă - 2 buc.
- brânză - 100 g sau brânză galbenă

MOD DE PREPARARE

1. Pune apa, uleiul, sarea si piperul intr-o cratita pe aragaz. Cand da in clocot se toarna toata faina deodata si se amesteca cu o lingura de lemn pana se formeaza un aluat. Apoi se ia de pe foc si se lasa sa se raceasca, adaugand in prealabil branza.

2. Se adauga apoi ouale unul cate unul, si se amesteca pana se obtine un amestec omogen.

3. Cu ajutorul unei seringi se face chifteluțe mici, care se aranjează la distanță într-o tavă unsă cu unt și se coace la cuptor moderat. Chirintele se umflă și aproape își dublează volumul. Serviți cald.

25. Lasagna cu branza

PRODUSE NECESARE

- Cruste - gata pentru lasagna
- Făină - 3 linguri.
- lapte proaspăt - 500 ml
- Unt - 2 linguri. complet
- Ouă - 3 bucăți
- Brânză - aproximativ 250 g
- brânză topită - 150 g
- brânză galbenă - 250 g
- Roșii - 2 bucăți, opțional
- piper
- curry - 1 linguriță.
- Busuioc - 1 linguriță.

MOD DE PREPARARE

1. Gatiti bolurile de lasagna in apa clocotita cu putina sare si grasime.
2. Se încălzește untul într-o tigaie, se prăjește făina în el și se diluează treptat cu lapte proaspăt, amestecând continuu.
3. În sosul bechamel rezultat, adăugați brânza albă rasă și brânza topită feliată. Asezonați după gust cu curry, sare și piper.

4. Lăsați sosul să se răcească puțin și amestecați cu ouăle bătute, având grijă să nu le încrucișați.

5. Se unge o tavă mică și se toarnă puțin din sos. Aranjați crustele deasupra, turnați sosul, stropiți cu brânză rasă, eventual întindeți rondele de roșii și curățați din nou. Aranjați până se epuizează produsele și apoi turnați sosul.

6. Se presara busuioc si putin unt topit sau ulei de masline, se presara putin curry si se da la cuptorul preincalzit o jumatate de ora.

7. Chiar înainte de a scoate lasagna cu brânză, stropiți cu brânză galbenă, coaceți și scoateți din cuptor.

26. Sparanghel cu branza

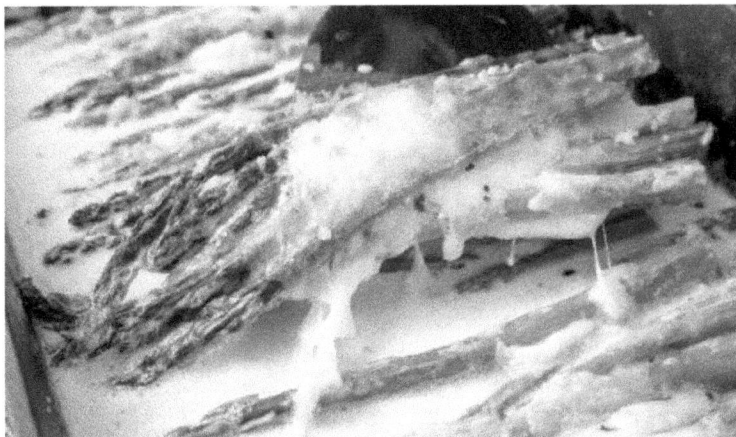

PRODUSE NECESARE

- sparanghel - 500 g
- Brânză - 200 g
- Brânză de vaci - 100 g
- ceapă sălbatică - 2 linguri. tocat
- Ulei - 1 - 2 linguri.
- Lapte - 100 ml
- ardei roşu - 3 vârfuri
- parmezan - 1 lingura. ras, optional

MOD DE PREPARARE

1. Sparanghel se curăţă şi se fierbe în apă fierbinte şi lapte timp de aproximativ 6 minute. Scurgeţi şi transferaţi într-o tavă unsă uşor. Amesteca branza rasa, branza de vaci si arpagicul tocat si intindem peste sparanghel.
2. Topiţi untul şi turnaţi-l peste tigaie şi stropiţi cu boia de ardei. Opţional adăugaţi parmezan ras. Coacem in cuptorul preincalzit moderat pana se rumeneste apetisant.

27. Cannelloni cu branza

PRODUSE NECESARE

- Paste - 1 cutie de cannelloni
- Brânză - 400 g
- Parmezan - 50-60 g, ras
- Brânză albastră - 50-60 g rasă
- Ouă - 2 bucăți
- Roșii - 400 g proaspete sau conservate
- brânză galbenă - 150 g
- Ulei - 1 lingura.
- Ceapa - 1 ceapa
- piper negru - după gust
- mărar
- Parsely
- busuioc

MOD DE PREPARARE

1. Bateți ouăle cu brânză rasă, brânză albastră rasă și parmezan, mărar și pătrunjel tocate mărunt, sare și piper. Umpleți cannellonii preînmuiați cu amestecul rezultat. Aranjați-le într-o tavă unsă.

2. Se incinge uleiul intr-o tigaie si se caleste ceapa tocata marunt. Adăugați roșiile și fierbeți aproximativ 5 minute. Se

condimentează cu busuioc proaspăt tocat, dar poate uscat după gust.

3. Stropiți cannellonii cu sosul de roșii și coaceți în cuptorul preîncălzit la 200 de grade pentru aproximativ 40 de minute. Se presară cu brânză galbenă rasă înainte de a o scoate din cuptor și se întoarce la copt.

28. Brânză tofu prăjită

PRODUSE NECESARE

- tofu - 600 g
- ardei roșu - 1 linguriță. incomplet
- ulei
- sos de soia
- suc de lamaie

MOD DE PREPARARE

1. Brânza tofu se taie în bucăți groase, care se ung ușor pe ambele părți cu ulei. Se presară cu boia de ardei și se înfășoară fiecare bucată în folie de copt.

2. Coaceți brânza pe o tigaie sau grătar, apoi lăsați-le să se răcească bine fără a le desfășura de pe folie.

3. Brânza se servește rece, stropită cu marinată de sos de soia și suc de lămâie.

29. Pâine cu usturoi cu brânză

PRODUSE NECESARE

- Ouă - 1 buc.
- zahăr - 15 g
- Drojdie uscată - 4 g
- lapte proaspăt - 90 ml cald
- Unt - 3 linguri. topit
- Făină - 280 g
- Pudră de usturoi - 1 linguriță.
- Sare - 1 linguriță.
- Brânză - 250 g
- Gălbenușul de ou - pentru periaj

MOD DE PREPARARE

1. Batem bine oul si apoi adaugam zaharul, drojdia, laptele caldut, untul, putina faina, amestecam din nou si lasam la cald 15 minute.
2. Cand drojdia este activata se adauga treptat faina amestecata cu sare si usturoi praf.
3. Se framanta un aluat moale, se acopera cu o carpa si se lasa la crescut 45 de minute.
4. Împărțim aluatul finit în două bile, pe care le întindem în cruste de aproximativ 10 cm grosime.

5. Prima crusta se pune intr-o tava unsa cu unt, se presara uniform cu branza rasa si se acopera cu a doua crusta.

6. Ungeți cheesecake-ul cu gălbenuș de ou bătut cu puțină apă și coaceți la cuptorul preîncălzit la 180°C pentru 15-18 minute.

7. Mănâncă această prăjitură cu usturoi cu brânză în orice moment al zilei.

30. Terci de ciuperci cu brânză

PRODUSE NECESARE

- Ciuperci - 300 g
- unt de vacă - 50 g
- Făină - 1 lingură.
- Sare - 1 praf
- Brânză - 100 g
- lapte proaspăt - 1/2 linguriță.
- Nucsoara - 1 praf
- piper negru - 2 vârfuri măcinate
- Pătrunjel - 2 linguri. tocat

MOD DE PREPARARE

1. Tăiați ciupercile în bucăți mici. Se prăjește în unt timp de 4-5 minute.
2. Apoi, amestecand continuu, adaugam faina si apoi laptele. Continuam sa amestecam pana se ingroasa.
3. Opriți focul și sare, adăugați nucșoara, piper negru și zdrobiți brânza.
4. Amestecați și lăsați piureul de ciuperci parfumat acoperit cu un capac pe aragaz timp de 30 de minute.
5. Înainte de servire, adăugați pătrunjel tocat în terciul nostru delicios, amestecați ușor și turnați pe o farfurie.

6. Aranjați terciul de ciuperci cu brânză după cum doriți.

31. Tutmanik umplut cu brânză

PRODUSE NECESARE

- Făină - 3 lingurițe.
- Brânză - 350 g
- Ouă - 2 buc.
- Sare - un praf
- Grăsime - 8 linguri. opțional
- lapte proaspăt - 2 lingurițe.
- Mai - 20 g proaspete

MOD DE PREPARARE

1. Puneți laptele cald într-un bol și dizolvați drojdia în el. Se adauga sarea si ouale, se cerne treptat faina si se amesteca cu o spatula pentru a obtine un amestec gros.
2. Adăugați brânza rasă și amestecați.
3. Puneți amestecul pentru deliciosul Tutmanik într-o tigaie, turnați pe el jumătate din grăsime, apoi turnați amestecul și restul de grăsime.
4. Lasam tutmanika cu branza sa se odihneasca 20 de minute si coacem la 180 de grade pana este gata.
5. Tutmanik amestecat cu brânză este un mic dejun grozav!

32. Brânză de capră adevărată de casă

PRODUSE NECESARE

- mai - 1 lingura. pentru brânză
- Sare de mare - grosieră
- Lapte de capra - 4 litri proaspat facut de la zero

MOD DE PREPARARE

1. Turnați laptele într-o cratiță pe aragaz și lăsați-l să se încălzească la aproximativ 38 de grade. Am lasat sa se incalzeasca la 60 de grade si apoi sa se raceasca la 36 de grade.

2. Veți avea nevoie de un termometru pentru a monitoriza temperatura. Puteți încerca și cu degetul - dacă suportați temperatura, e bine.

3. Pe ambalajul drojdiei de brânză este indicat câte picături să dați. Am pus 5 picături pe un litru de lapte - adică 20 de picături. După ce laptele se răcește la 36-38 de grade, turnați 1 lingură. Can.

4. Amestecați de sus în jos și în lateral, nu răsuciți. Se lasa sa actioneze 5 minute si se inchide cu un capac. Acoperiți oala cu pături groase sau pături pentru a-l menține cald. Lasă să stea o oră sau două.

5. Deșurubați cratita și lăsați laptele să stea o jumătate de oră. Deschideți capacul, veți vedea zerul separat. Tăiați masa albă în bucăți cu un cuțit, acestea se vor amesteca cu zerul, dar nu vă faceți griji.

33. Tort cu spanac cu branza

PRODUSE NECESARE

PENTRU COARTE

- lapte proaspăt - 300 ml
- Făină - 650 de grame
- Ulei - 75 ml
- Drojdie uscată - 3 lingurițe.
- zahăr - 2 lingurițe.
- Ouă - 3 bucăți
- Sare - 1 linguriță.

UMPLERE

- Ouă - 8 bucăți
- Ceapa primavara - 3 tulpini
- Brânză - 200 de grame
- Spanac - 200 de grame
- Susan - pentru stropire

MOD DE PREPARARE

1. Cerneți făina într-un bol. Dizolvați drojdia în laptele cald și lăsați-o să crească.
2. Se adauga apoi in faina impreuna cu celelalte produse si se framanta un aluat moale, antilipitor. Acoperiți cu o cârpă curată și lăsați să crească la căldură.

3. Spunem spanacul în grăsime fierbinte și fierbeți ouăle.
4. Intr-un castron amestecam ceapa tocata cu spanacul la abur, ouale tocate si cascavalul ras. Se amestecă bine.
5. Împărțiți aluatul în bile de dimensiuni egale. Rulați fiecare până când obțineți o tăietură subțire. Se ung crustele si se intinde deasupra umplutura.
6. Se ruleaza si se aseaza pe o tava de copt in forma de melc. Așa că procedați cu toate crustele.
7. Lăsați aluatul rulat să crească din nou. Se unge cu ou batut si se presara cu seminte de susan.
8. Preîncălziți cuptorul la 180 de grade Celsius. Coaceți tortul până devine apetisant.
9. Prajitura cu spanac cu branza este gata.

34. Prajitura cu crema de branza

PRODUSE NECESARE

- Blaturi - 3 bucătari pentru tort
- Cremă de brânză - 4 pungi (125 g fiecare)
- Crema - 200 ml de cofetărie + 200 g de aluat
- Zahăr - 150-200 g pudră
- Vanilie - picături de esență
- lapte proaspăt - 150 ml
- Sirop - 100 ml de caise sau altele. Fructat, gros și dulce
- Biscuiti - nuc, pentru decor

MOD DE PREPARARE

1. Brânza se bate cu smântâna și zahărul în același timp cu un mixer de smântână până se formează o cremă spumoasă. Adăugați câteva picături de esență de vanilie.

2. Amestecați laptele cu siropul și înmuiați prima pâine. Aveți grijă să nu exagerați cu siropul - bezelele trebuie turnate foarte ușor. Întindeți puțină smântână pe foaia însiropată și repetați procesul cu foile rămase. Întindeți multă smântână pe tort.

3. Piure biscuiti cu nuca. Cel mai bun lucru de făcut este să-l tăiați într-un robot de bucătărie împreună cu restul siropului. Se

unge usor hartie de bucatarie si se intinde deasupra amestecul de biscuiti cu o spatula. Încercați să periați forma tortului. Apoi întoarceți hârtia peste tort dintr-o mișcare rapidă până când biscuiții se desprind. Apăsați-le ușor pe suprafața prăjiturii.

4. Se lasa sa se odihneasca la frigider 2 ore.

35. Pui cu brânză albastră

PRODUSE NECESARE

- Carne de pui - 500 g file
- Brânză albastră - 200 g
- Vin - 200 ml alb
- Crema - se fierbe 300 ml
- Sol
- piper
- ulei de măsline
- Lămâi - suc de lămâie stors din 2 bucăți
- Parsely
- piper

MOD DE PREPARARE

1. Marinați fileul de pui în ulei de măsline, zeamă de lămâie, pătrunjel, sare și piper timp de jumătate de oră. Apoi scurgeți puiul și coaceți 2 linguri într-o tigaie. Ungeți uniform pe ambele părți. Scoate-l pe o farfurie.

2. Adăugați brânza albastră rasă în aceeași tigaie și amestecați până se topește. Apoi adăugați vinul și smântâna și amestecați. Se fierbe 5 minute și se condimentează cu sare și piper. Puneti bucatile de pui in sos si mai lasati sa fiarba cateva minute.

36. Ciorba de Basel cu branza

PRODUSE NECESARE

- Făină - 70 g.
- Unt - 60 g.
- Ceapa - 1 cap
- Bacon - 30 gr.
- Bulion - carne 1250 ml.
- vin roșu - 100 ml.
- Brânză - parmezan 50 g.

MOD DE PREPARARE

1. Se face un amestec ușor de unt și făină, se adaugă ceapa și baconul tocate mărunt, se prăjesc, se toarnă în bulion puțin fierbinte și se amestecă.
2. Supa se fierbe o jumătate de oră, amestecând din când în când, apoi se strecoară, se încălzește, se adaugă vin, se sare și se servește.
3. Brânza rasă se servește separat.

37. Broccoli cu brânză albastră

PRODUSE NECESARE

- Broccoli - 450 g
- Brânză albastră - 100 g
- brânză galbenă - 50 g rasă
- Brânză - 50 g topită
- Cremă - 5 linguri. fermentat
- Unt - 1 linguriță.
- piper negru - după gust

MOD DE PREPARARE

1. Broccoli este fiert la abur. Se pune intr-un recipient potrivit si se adauga putina sare. Brânza albastră se face piure, iar brânza galbenă se rade pe răzătoarea mare.
2. Se amestecă brânza într-un bol și se amestecă bine crema. Condimentați și adăugați puțină sare dacă este necesar. Întindeți amestecul peste trandafirii de broccoli.
3. Coaceți pentru scurt timp până devine maro auriu.

38. Pâine cu cremă de brânză

PRODUSE NECESARE

- apă - 1/2 linguriță. cald
- Brânză - 200 g smântână
- Margarina - 50 g
- Zahăr - 1 și 1/2 linguriță.
- Ouă - 1 bucată
- Sare - 1 linguriță
- mai - 2 lingurițe. uscat
- Făină - 3 căni
- susan

MOD DE PREPARARE

1. Se amestecă toate ingredientele fără făină până la o masă omogenă. Se framanta treptat si se framanta cu faina pana se formeaza un aluat moale.
2. Formați bile mici și puneți-le într-o tavă unsă cu unt.
3. Se presara usor cu seminte de susan si se coace in cuptorul moderat pana se rumenesc.

39. Brânză cu apă spumante

PRODUSE NECESARE

- Brânză - 400 g
- Roșii - 3 buc.
- Ouă - 5 buc.
- Ciuperci - 150 g
- Apă carbogazoasă - 150 ml
- Unt - 75 g
- Pătrunjel - 1/2 conexiune
- Ardei iute - 5 buc.
- Paprika

MOD DE PREPARARE

1. Brânza tăiată în bucăți se pune într-un recipient ignifug (de lut). Acoperiți cu roșiile tocate, ciupercile și untul. Acoperiți cu un capac și fierbeți timp de 10 minute.
2. Se toarnă peste ouăle bătute împreună cu apa spumoasă și se coace din nou până ce stratul de ouă devine maro auriu.
3. Se servește cald, se presară fiecare porție cu piper negru și se ornează cu ardei iute prăjiți.

40. Roșii coapte cu brânză

PRODUSE NECESARE

- Roșii - 4 buc.
- Mozzarella - 300 g.
- Ceapa - 2 capete
- Usturoi - 2 catei
- Sare - 1/2 linguriță.
- ulei
- Piper alb
- Oregano - 1 lingura.
- busuioc
- ulei de măsline

MOD DE PREPARARE

1. Unge o tigaie cu ulei de masline. Se preincalzeste cuptorul la 220°C. Se spala si se usuca rosiile si se taie bucatele groase de 1 cm impreuna cu branza. Aranjați un rând de roșii, un rând de brânză etc., pe verticală.

2. Curățați și tăiați ceapa și usturoiul. Se sare și se pasează usturoiul.

3. Se amestecă uleiul de măsline, usturoiul, ceapa și ardeiul și se toarnă acest amestec peste roșii și brânză. Coaceți la cuptor pentru 20 de minute. Se presara cu oregano si busuioc. Coaceți încă 5 minute.

41. Prajitura de cartofi cu branza

PRODUSE NECESARE

- Cartofi - 2 medii
- Ulei - 50 ml
- Brânză - 30 g
- Ceapa - 1/2 cap
- Stânga
- piper
- Ouă - 4 buc. mic

MOD DE PREPARARE

1. Cartofii decojiti se taie in semilune subtiri. Tăiați și curățați o jumătate de ceapă. Se presară cu sare și piper.
2. Bate ouale intr-un castron si adauga branza rasa. Încinge uleiul într-o tigaie mică și prăjește ceapa și cartofii până se înmoaie.
3. Se toarnă amestecul de ouă peste el și se prăjește 2-3 grade la foc mic pentru a obține o culoare aurie la fund.
4. Întoarceți capacul sau farfuria mare și întoarceți-vă în tigaie, prăjiți pe cealaltă parte. Serviți tortilla finită cu o crenguță de pătrunjel.

42. Cartofi copți cu brânză

PRODUSE NECESARE

- Cartofi - 1 kg
- Ulei - ½ linguriță de legume
- Brânză - 150 g (sau 200 g brânză de vaci)
- Ouă - 4 buc.
- lapte proaspăt - 1 linguriță.
- piper
- Kim
- Parsely

MOD DE PREPARARE

1. Cartofii decojiti se fierb pe jumatate in apa cu sare, apoi se scurg si se taie felii. Aranjați cartofii în straturi într-o tavă unsă cu grăsime.

2. Un amestec din cele două ouă bătute, brânză rasă și chimen se pune între ele. Stropiți forma cu ulei vegetal fierbinte și puneți la cuptor pentru zece minute.

3. Se presară cartofii copți cu pătrunjel, apoi se toarnă peste celelalte două ouă, bătute cu lapte, sare și piper și se coace la cuptor mai tare.

4. Se serveste cald cu o salata, in functie de anotimp.

43. Ouă voalate cu brânză

PRODUSE NECESARE

- ouă - 3 buc.
- brânză - 50 g
- Oțet - 1 buc.
- ulei - 50 g
- sare dupa gust

MOD DE PREPARARE

1. Punem pe aragaz o oala cu apa, in care punem sare, otet si asteptam sa fiarba.
2. Ouăle se rup în bucăți mici și se lasă la fiert până se acoperă, și anume albușurile se albesc.
3. Zdrobiți brânza pe o farfurie și cu ajutorul unei linguri cu șuruburi scoateți ouăle voalate pregătite și așezați-le pe brânză.
4. Prăjiți untul într-o tigaie și turnați ouăle deasupra. Dacă se dorește, se poate adăuga ardei roșu.
5. Rezultatul este un fel de mâncare delicios și ușor potrivit pentru un prânz rapid.

44. Chifteluțe cu brânză cremă

PRODUSE NECESARE

- crema de branza - 4 - 5 buc.
- ouă - 4 buc.
- făină - 4-5 linguri.
- piper
- gălbenușuri - 1 buc.
- unt - 1 lingura.

MOD DE PREPARARE

1. Crema de branza se piure cu o furculita, se adauga sare si piper dupa gust. Se amestecă cu ouăle bătute și se frământă aluatul cu făina.
2. Se formează chiftele și se aranjează într-o tavă unsă. Deasupra se intinde unt si galbenus de ou.
3. Coacem in cuptor la 200 de grade pana se rumenesc.

45. Brânză în caserolă călită

PRODUSE NECESARE

- brânză - 150 g
- roșii - 1 buc.
- unt
- pătrunjel

MOD DE PREPARARE

1. Unge fundul tigaii cu ulei.
2. Pe ea punem o bucată de brânză, pătrunjel tocat mărunt și o felie de roșie, înapoi o bucată de unt. Coaceți într-un cuptor moderat.
3. La servire se presara din nou patrunjel.

46. Legume cu brânză feta

PRODUSE NECESARE

- roşii - 2 buc
- castraveţi - 1 buc
- ardei - 2 roşii şi galbeni
- ceapă - 1/2 cap roşu
- măsline - 6-7 buc
- Salata verde - 4 frunze
- brânză - 200 g feta
- ulei de măsline - 60 ml
- suc de lamaie - 4 linguri.
- piper
- oregano - 1/2 linguriţă. uscat
- busuioc - 1/2 linguriţă. uscat

MOD DE PREPARARE

1. Taiati branza feta cubulete si marinati-o jumatate de ora in ulei de masline, zeama de lamaie, putina sare, oregano si busuioc.
2. Apoi toate legumele precurăţate se amestecă într-un bol.
3. Salata verde este tăiată uşor, roşiile şi castraveţii sunt tăiate în bucăţi, ardeii în fâşii subţiri şi ceapa - în semilune.

4. Adăugați măslinele și brânza marinată împreună cu marinada, amestecați bine și serviți.

47. Rulouri franțuzești cu brânză

PRODUSE NECESARE

- apă - 1 și 1/2 linguriță.
- unt - 1 lingura. topit
- făină - 1 și 1/2 linguriță.
- brânză - 250 g zdrobită
- ouă - 2 buc
- piper negru - după gust
- grăsime - pentru prăjit
- zahăr - praf pentru stropire

MOD DE PREPARARE.

1. Aduceți apa la fiert împreună cu uleiul. Se toarnă făina o dată și se amestecă repede până obții un aluat omogen.
2. Adăugați brânza rasă și scoateți din coloană. Dupa ce aluatul s-a racit, adaugam cele doua oua si putin piper negru, amestecand continuu.
3. Se încălzește mai multă grăsime de prăjit. Răzuiți aluatul cu o lingură umedă și aruncați-l într-o minge în grăsimea fierbinte.
4. Serviți rulourile franțuzești fierbinți și stropite cu zahăr pudră.

48. Plăcintă de legume cu brânză

PRODUSE NECESARE

- cruste - pentru plăcintă 8 buc.
- cartofi - 2 buc.
- dovlecel - 3 buc.
- morcovi - 3 buc.
- ceapa - 1 cap, rosie
- ceapa verde - 4 - 5 tulpini
- usturoi - 3 catei
- brânză - 200 g.
- ouă - 2 buc.
- oregano - proaspăt tocat 1 lingură.
- busuioc - proaspăt tocat 1 lingură.
- cimbru - proaspăt tocat 1 lingură.
- piper
- ulei de măsline - 50 g.

MOD DE PREPARARE

1. Dovlecelul și cartofii se dau pe răzătoare grosieră. Puneți într-o strecurătoare și apăsați cu palma pentru a scurge cât mai mult suc.
2. Morcovii se dau pe răzătoare și pe răzătoare grosieră. Atat ceapa cat si usturoiul sunt tocate marunt.

3. Încinge jumătate din uleiul de măsline într-o cratiță. Prăjiți ceapa și usturoiul în el timp de 4-5 minute. Adăugați morcovii și amestecați bine. Adăugați dovlecelul scurs și cartofii și condimentele verzi. Se fierbe încă 5-6 minute, amestecând din când în când. Se ia de pe foc si se lasa deoparte sa se raceasca.

4. Pentru legume sparge branza si adauga ouale batute. Se condimentează umplutura cu sare și piper.

5. Preîncălziți cuptorul la 200°C.

6. Unge o tavă potrivită cu puțin ulei de măsline. Aranjați jumătate din crustele de patiserie pe fund, răspândind puțin ulei de măsline între ele. Distribuiți umplutura. Pe ea sunt aranjate celelalte cruste. Ungeți plăcinta cu ulei de măsline și tăiați-o în bucăți.

7. Coaceți aproximativ 30 de minute în cuptorul preîncălzit. Odată scos, lăsați să se răcească puțin.

49. Cartofi umpluți cu brânză

PRODUSE NECESARE

- cartofi - 300 g.
- ceapa - 1 ch.
- ulei - 15 ml.
- unt - 10 g.
- brânză - 30 g.
- roşii - 1 buc.
- ouă - 1 buc.
- lapte proaspăt - 40 ml.
- făină - 10 g.
- brânză galbenă - 40 gr.
- patrunjel - 1 lingura.

MOD DE PREPARARE

1. Se selectează cartofi de aceeaşi dimensiune. Sunt decojite şi sculptate ca bărcile. Din ceapa tocata in grasime tocata marunt si cateva rosii se pregateste umplutura, la care se adauga branza maruntita, ouale si patrunjelul dupa ce se iau de pe foc. Umpleţi cartofii umpluţi cu piureul de roşii rămas şi grăsime şi coaceţi. După ce s-a înmuiat, se stropeşte cu sos bechamel din unt, făină, lapte şi gălbenuşuri de ou. Se presară cu

brânză galbenă rasă și se coace din nou. Se serveste cu salata verde.

50. Pizza rapida cu branza

PRODUSE NECESARE

- Ouă - 2 buc.
- Făină - 2 linguri. H
- Iaurt - 2 linguri. H
- Praf de copt - 1 linguriță.
- Unt - 50 g.
- brânză - 50 g.
- brânză galbenă - 50 gr.

MOD DE PREPARARE

1. Facem aluat din faina, oua, iaurt si sifon si putina sare. Se intinde intr-o tava unsa cu unt si se presara branza rasa, untul ras si cascavalul ras.
2. Coaceți în cuptorul preîncălzit.

51. Pâine sifon cu brânză

PRODUSE NECESARE

- Iaurt - 1 linguriță.
- Ouă - 1 bucată
- Sare - după gust
- Brânză - 100 g piure
- Ulei - 2 linguri.
- Făină - 500 g
- Praf de copt - 1 linguriță.

MOD DE PREPARARE

2. În mijlocul făinii, turnăm iaurtul în care am amestecat praful de copt pentru a-l spuma.
3. Adăugați oul, uleiul, sarea și brânza rasă. Daca este sarat adaugati putina sare.
4. Se amestecă cu o furculiță și se frământă un aluat mediu-moale.
5. Se împarte în 5-6 bile, care se aranjează într-o tavă, făcându-se în partea de sus tăieturi încrucișate cu un cuțit.
6. Coaceți pâinea cu sodă într-un cuptor preîncălzit la 180 ° C.

52. Prajitura dulce cu branza

PRODUSE NECESARE

- Ouă - 2 buc.
- zahăr - 1 linguriță.
- Ulei - 7 linguri.
- Cruste de tort - 6 buc.
- Praf de copt - 1 linguriță.
- Brânză - 2/3 linguriță.
- unt

MOD DE PREPARARE

1. Batem ouale cu ulei, praful de copt si zaharul pana devin albe si zaharul se dizolva bine.
2. Ungeți fundul și părțile laterale ale foii de copt cu ulei sau puneți în hârtie de copt.
3. Frământați ușor crusta cu mâinile timp de jumătate și jumătate, astfel încât să devină umplută și slăbită, dar nu plată.
4. Luați amestecul cu ouăle cu o lingură și turnați peste crustele de foietaj piure, pe care le presărați uniform cu puțină brânză.
5. Continuați așa cu celelalte cruste.
6. Se acoperă cu ultima crustă și jumătate și se toarnă restul de amestec fără a se stropi cu brânză.

7. Topim 50 g de unt si turnam peste prajitura dulce facuta astfel.
8. Coacem la 180 de grade pana se rumenesc.

53. Ciuperci coapte cu brânză

PRODUSE NECESARE

- Ciuperci - 300 g Google fara cioturi
- Brânză - 2 linguri rasă tare
- Ulei - 40 g
- Parsely
- usturoi
- Pesmet
- piper

MOD DE PREPARARE

1. Ciupercile se curata in prealabil si se scot doar paharele. Puteți folosi cioturile pentru un alt fel de mâncare.
2. Aranjați ciupercile într-o tigaie unsă cu ulei. Se presara uniform cu sare, pesmet, patrunjel si usturoi tocate marunt si amestecati si la final se distribuie branza rasa. Se presară cu piper negru.
3. Stropiți cu unt topit, coaceți la cuptor nu foarte tare pentru 20 de minute.

54. Pâine de susan cu brânză

PRODUSE NECESARE

- Făină - 500 g
- Praf de copt - 1 linguriță.
- Iaurt - 1 linguriță.
- lapte proaspăt - 1 linguriță.
- Mai - 20 de ani
- zahăr - 1 lingură.
- Ouă - 2 buc.
- Brânză - 150 g
- brânză galbenă - 3 linguri. frecat
- Unt - jumătate de pachet
- Seminte de susan - 1 - 2 linguri.
- Gălbenușuri de ou - 1 buc. A distribui

MOD DE PREPARARE

1. Dizolvam drojdia impreuna cu zaharul in lapte si lasam sa creasca.
2. Bateți ouăle cu iaurt și adăugați 1 lingură. unt topit, drojdie gata preparată, brânză galbenă rasă și brânză rasă.
3. Se toarnă făina cernută cu sifon și se frământă un aluat moale.
4. Aluatul rezultat se modelează în bile cu diametrul de 4-5 cm și se toarnă puțin ulei în fiecare bila.

5. Aranjați pâinea într-o tigaie unsă cu ulei, ungeți cu gălbenuș de ou bătut și stropiți cu semințe de susan.
6. Se coace in cuptorul tare pana este gata.

55. Pate de brânză cu tofu

PRODUSE NECESARE

- Tofu - 300 g
- Usturoi - 3 catei
- Ulei de măsline - 3 linguri.
- piper
- Suc de lamaie - 1 lingura.
- Sare - după gust
- mărar

MOD DE PREPARARE

1. Pregătiți toate produsele și faceți-le piure într-un blender, adăugați 2 linguri. Apă.
2. Se pasează până la o pulpă netedă și se servește, adăugând opțional felii prăjite.

56. Terci cu brânză afumată

PRODUSE NECESARE

- Terci - 200 g semifinisat
- Măsline fără sâmburi - 10 buc
- Brânză - 200 g afumată
- Salvie - 1 buchet mica (poate fi inlocuita cu patrunjel, oregano sau busuioc)
- piper negru - după gust

MOD DE PREPARARE

1. Puneti terciul intr-o cratita cu aprox. 850 ml apă. Pune focul mare pe aragaz si dupa ce se fierbe reduce focul si lasa sa stea 10 minute, amestecand des cu o lingura de lemn deoarece amestecul trebuie sa fie omogen.

2. Între timp, spălați și uscați salvie (sau un condiment proaspăt la alegere) și tocați petalele. Se rade brânza afumată și se zdrobesc boabele de piper.

3. Tăiați măslinele. De îndată ce terciul se îngroașă și începe să se întărească, se adaugă condimentul verde tocat, brânza, ardeiul și măslinele.

4. Amestecați energic pentru a amesteca toate ingredientele și pulpa va începe să se separe

de pereții tigaii. Serviți imediat sau lăsați să se răcească.

57. Vinete umplute cu branza

PRODUSE NECESARE

- Vinete - 4 buc.
- Brânză - 300 g rasă
- Țelină - 1 tulpină
- Crema - 2 linguri.
- Ouă - 2 buc.
- Pătrunjel - 2 linguri.
- piper
- Ceapa - 1 cap mare
- Ulei - 2 linguri.

MOD DE PREPARARE

1. Vinetele se fierb in apa cu sare pentru a le inmuia putin. Scoate-le și pune-le într-o strecurătoare pentru a se scurge. Apoi tăiați în 2 jumătăți și scoateți interiorul cu o lingură.

2. Amestecați smântâna, brânza, ceapa, ouăle, țelina, piperul negru și sarea. Umpleți vinetele cu umplutura rezultată și aranjați-le într-o tavă unsă.

3. Stropiți cu puțin ulei și coaceți la foc mediu timp de 20-30 de minute.

4. La final se presara patrunjel si se lasa putin sa se raceasca.

58. Salata de Paste cu branza

PRODUSE NECESARE

- salată verde - 1 buc.
- ceapa proaspata - 2 tulpini
- usturoi proaspăt - 2 tulpini
- Ridichi - 1 conexiune
- castraveți - 1 mic
- brânză - 150 g
- iaurt - 2 linguri.
- nuci - 2 linguri. zdrobit
- ouă - 2 buc. fiert
- stânga
- oțet de vin - 2 linguri.
- ulei - 3 linguri.

MOD DE PREPARARE

1. Salata se spală, se usucă și se taie în fâșii mici. Ceapa proaspătă și usturoiul sunt tăiate în bucăți mici, iar ridichile și castraveții în felii. Amesteca legumele tocate intr-un bol.

2. Stropiți salata cu sare după gust și amestecați, turnați oțet, amestecați bine și la final adăugați uleiul.

3. Prăjiți nucile pentru scurt timp și zdrobiți. Se amestecă într-un bol cu brânza, iaurtul și două pene de ceapă proaspătă tocate mărunt.

4. Amestecul se amestecă, se scoate din el și se formează bile cu mâna. Salata se servește garnisită cu ouă fierte felii și bile de brânză.

59. Terci de făină cu brânză

PRODUSE NECESARE

- Brânză - 150 g
- Făină - 1 linguriță.
- Ulei - 5 linguri.

MOD DE PREPARARE

1. Se toarnă făina în uleiul preîncălzit și se amestecă până se rumenește.
2. Se toarnă apă până se formează o pastă, se adaugă brânza ras / zdrobită / și se fierbe timp de 5 minute, amestecând continuu.

60. Supa crema de rosii cu branza

PRODUSE NECESARE

- roșii - 1 kg
- busuioc - măceșe
- ulei de măsline - 2 linguri
- făină - 1 lingură
- ardei roșu - 1 linguriță
- brânză - 100 g
- apă - 2 litri

MOD DE PREPARARE

1. Spălați și curățați roșiile, după ce le curățați pe toate, puneți toate roșiile decojite într-un blender și mixați toate roșiile.
2. Luați o cratiță mare, puneți ulei de măsline, făină și boia de ardei înăuntru și prăjiți puțin, apoi adăugați roșiile și apa și așteptați să fiarbă totul.
3. Din nou, zdrobiți supa de roșii cu un blender și asezonați cu sare și busuioc.
4. Serviți supa cremă de roșii cu brânză, stropiți cu brânză deasupra.

61. Gustare picant cu brânză

PRODUSE NECESARE

- brânză - 300 g
- ardei iute - 7 - 8 buc. Popcorn
- lutenitsa - 200 g de casă
- ceapa - 1 ceapa
- usturoi - 4 catei
- patrunjel - 1/2 conexiune

MOD DE PREPARARE

1. Într-un castron, amestecați lyutenitsa de casă cu brânza, ceapa tocată, cățeii de usturoi și curățați de semințe și ardeiul iute curățați și pătrunjelul tocat mărunt.
2. Gustarea cu brânză condimentată poate fi servită ca aperitiv, salată sau feliată.
3. Bucurați-vă de masă!

62. Plăcintă cu lapte cu brânză

PRODUSE NECESARE

- cruste de plăcintă - 400 g
- brânză - 200 g
- ouă - 4 buc.
- lapte proaspăt - 500 g
- ulei - 2 linguri.

MOD DE PREPARARE

1. Pe fundul tavii in care vom coace placinta cu lapte, intindem uleiul.
2. Într-un bol, zdrobește brânza, zdrobește ouăle și adaugă laptele. Se amestecă bine amestecul.
3. Puneti doua cruste in tava si stropiti cu amestecul de lapte.
4. Urmează din nou două foi de coajă, din nou amestecul și tot așa până când crustele și amestecul sunt terminate.
5. Tăiați plăcinta cu lapte cu brânză în bucăți și dacă a mai rămas din amestec, turnați deasupra.
6. Se da la cuptor la 180 de grade cu ventilator in cuptorul preincalzit.
7. Coaceți până la bronzul dorit.
8. Serviți cald.

63. Ardei cu brânză - musaca

PRODUSE NECESARE

- ardei - 1 kg
- grăsime - 3 - 4 linguri.
- ceapă - 2 - 3 capete
- brânză - 1 linguriță. spart
- ardei roșu - 1 linguriță.
- ouă - 3 buc.
- făină - 1 lingură. diluat cu putina apa
- iaurt - 1 - 1,5 linguriță.

MOD DE PREPARARE

1. Se curăță și se toacă ardeii, se pun la prăjit în grăsime împreună cu 2-3 capete de ceapă tocată mărunt.
2. Odată ce ardeii și ceapa sunt moi, turnați jumătate din ele într-o tavă unsă.
3. Întindeți brânza și turnați ardeii rămași peste ea.
4. Amestecați laptele cu ouăle, adăugați ardeiul și făina. Se toarnă musaca de ardei și se coace în cuptorul preîncălzit până se rumenește.
5. Se face reteta de Ardei cu branza - musaca.
6. Moussaka vegetariană delicioasă cu brânză.

64. Aperitive cu brânză franțuzească

PRODUSE NECESARE

- brânză - 250 g
- crema de branza - 125 g
- ulei - 125 g
- usturoi - 5 - 6 catei
- mărar - 1 conexiune
- ceapa verde - 1 link
- ardei roşu - 3 linguri.
- piper

MOD DE PREPARARE

1. Bateți untul înmuiat într-o cremă şi adăugați brânza rasă şi crema de brânză, amestecați până devine cremoasă.
2. Adăugați usturoiul piure, ceapa şi mărarul tocate şi piperul negru.
3. Amestecam din nou si formam o rola, pe care o lasam invelita in folie intinsa la frigider sa se intareasca.
4. Tăiați rulada în cercuri topind cuțitul în apă caldă pentru a nu se lipi.
5. Rulam cercurile in ardei rosu si aranjam pe o farfurie, pe care o tinem la rece pana la servire.

65. Ceapă înăbușită cu brânză

PRODUSE NECESARE

- ceapa - 4 - 5 capete
- brânză - 300 g
- vin alb - 1 linguriță.
- unt - 50 g
- usturoi - 3 - 4 catei
- piper negru - după gust
- sare - după gust

MOD DE PREPARARE

1. Tăiați ceapa felii și aranjați-o în straturi într-o tigaie unsă cu ulei cu un strat antiaderent.
2. Între fiecare rând se pun bucăți de brânză, bucăți de unt și usturoi tocat mărunt.
3. Se presară piper negru, se toarnă vinul și se fierbe la foc mic timp de 20-30 de minute.

66. Briose cu unt cu brânză

PRODUSE NECESARE

- iaurt - 1 cană
- ouă - 3 buc.
- sifon - 1 linguriță
- drojdie - 1 plic, uscat
- lapte proaspăt - 1 linguriță.
- zahăr - 1 linguriță.
- sare - 1 linguriță
- brânză - 150 g
- ulei - 100 g
- făină – cât este nevoie
- ulei - pentru prăjit

MOD DE PREPARARE

1. Într-un castron se bat ouăle, se adaugă laptele acru amestecând sifonul și laptele călduț cu drojdia dizolvată.

2. Adăugați zahăr și sare în amestecul rezultat și începeți să turnați făină până când frământați un aluat moale. Se acopera si se lasa la crescut 30 de minute.

3. Întindeți-l pe o suprafață înfăinată în cerc.

4. Acoperiți jumătate din cerc cu brânză rasă, pliați și presați. Întindeți deasupra unt topit și rulați.

5. Rulați din nou și ungeți din nou cu ulei. Trecem peste o nouă rolă. Se rulează și se taie în bucăți mici, care se prăjesc în ulei încins.

67. Broccoli cu branza topita

PRODUSE NECESARE

- broccoli - 1,5 kg
- smântână - 1 cană aluat
- brânză topită - 150 g
- unt - 2 linguri.
- sare - după gust
- suc de lamaie - de la 1 lamaie

MOD DE PREPARARE

1. Broccoli se taie in buchete mici si se spala. Se pune in apa clocotita si se scoate dupa 5 minute. Se spală cu apă rece și se lasă să se scurgă.
2. Se aranjează apoi într-o tavă unsă cu unt și se adaugă smântâna.
3. Stropiți cu condimente și amestecați totul. Vasul se pune la cuptorul preîncălzit la 180 de grade.
4. După aproximativ 15 minute, acoperiți broccoli cu brânză topită și dați înapoi la cuptor pentru a obține o crustă apetisantă.

68. Briose cu spanac cu brânză

PRODUSE NECESARE

- ouă - 3 buc.
- iaurt - 5 linguri.
- lapte proaspăt - 160 ml
- brânză - 170 g
- spanac - 140 g
- usturoi - 1 linguriță. la praf
- nucșoară - 1/2 linguriță.
- sare - 1 linguriță
- praf de copt - 7 g
- făină - 200 g

MOD DE PREPARARE

1. Bateți ouăle cu iaurtul și laptele proaspăt.
2. Se adauga apoi branza rasa, spanacul tocat marunt, condimentele si se amesteca.
3. La final adaugam faina cernuta si praful de copt si amestecam bine pentru briosele sarate.
4. Distribuiți amestecul în forme de brioșe.
5. Coacem brioșele cu spanac în cuptorul preîncălzit la 180 de grade timp de 20 de minute.

6. Poți servi brioșele cu spanac cu brânză la micul dejun sau după-amiaza și chiar să le iei la drum!

69. Cerșetor de porumb cu brânză

PRODUSE NECESARE

- ouă - 1 bucată
- făină - 1 linguriță.
- brânză - 150 - 200 de grame
- făină de porumb - 1 linguriță.
- iaurt - 5 linguri. (cu bacsis)
- ulei - 1/2 linguriță.
- bicarbonat de sodiu - 1/2 linguriță.
- ulei - 3 - 4 linguri. (pentru intindere pe tava)
- praf de copt - 1 linguriță.

MOD DE PREPARARE

1. Bateți oul împreună cu uleiul într-un castron adânc.
2. Se amestecă făina albă cu praful de copt și se cerne împreună, se adaugă la oul bătut.
3. Adăugați făina de porumb.
4. Se stinge sifonul din iaurt și se adaugă la amestecul de mai sus imediat ce face spumă. Ar trebui să obțineți un aluat gros de prăjitură. La final, se adaugă brânza rasă și se amestecă.
5. Pregătiți o tigaie cu diametrul de 22-24 cm și ungeți-o cu ulei. Transferați amestecul înăuntru.

6. Preîncălziți cuptorul la 180 de grade și coaceți delicioasa prăjitură sărată până este gata - aproximativ 25-30 de minute.
7. Făina de porumb cu brânză este gata. Se poate servi cald sau rece.

70. Crochete de cartofi cu branza

PRODUSE NECESARE

- cartofi - 800 - 1000 g
- brânză - 150 g
- făină - 40 g
- pesmet - 20 g
- patrunjel - 10 g
- ouă - 2 băuturi
- unt - 4 linguri. vegetal
- piper negru - 1 - 2 vârfuri
- sare - după gust

MOD DE PREPARARE

1. Cartofii curatati si spalati se pun la fiert in apa, aproape la abur si cat sunt calzi se trec printr-o presa. La piureul rezultat se adauga putina faina, cascaval ras, 1 ou, sare, piper si patrunjel tocat marunt.

2. Amestecul se amestecă și se fac bile, care se rulează în făină, se scufundă în oul bătut rămas, în pesmet și din nou în ou.

3. Se prăjește în grăsime fierbinte și se servește cald, cu sos de muștar.

71. Pâine cu cremă de brânză

PRODUSE NECESARE

- apă - 1/2 linguriță. cald
- brânză - 200 g smântână
- margarină - 50 g
- zahăr - 1 și 1/2 linguriță.
- ouă - 1 bucată
- sare - 1 linguriță.
- mai - 2 lingurițe. uscat
- făină - 3 căni
- susan

MOD DE PREPARARE

1. Se amestecă toate ingredientele fără făină până la un amestec omogen. Treptat incepeti sa framantati cu faina si sa framantati pana obtineti un aluat moale.
2. Formați bile mici și puneți-le într-o tavă unsă cu unt.
3. Se presara usor cu seminte de susan si se coace in cuptorul moderat pana se rumenesc.

72. Castraveți umpluți cu brânză

PRODUSE NECESARE

- castraveți - 2 bucăți
- brânză - 200 g de oaie sau vaca nesărate
- unt - 100 g
- ceapă - 4 tulpini sălbatice
- nuci - 1 - 2 linguri. sol
- piper
- Pătrunjel - 2 tulpini
- mărar - 2 tulpini
- ulei de măsline - 4 linguri.
- pesmet - 2 linguri.

MOD DE PREPARARE

1. Tăiați fiecare castravete în 3 cilindri. Cioiește fiecare cu ajutorul unei spatule pentru ardei sau a unei linguri. Lăsați un fund subțire pentru a nu se scurge umplutura.

2. Se bate untul cu branza, se adauga ceapa tocata marunt, nuca, patrunjelul si mararul tocat si alte condimente dupa gust. Adăugați ulei de măsline și amestecați. Umpleți castraveții cu umplutura, lăsați să se răcească pentru scurt timp la frigider și serviți.

73. Ciorbă de dovleac cu brânză

PRODUSE NECESARE

- Dovleac - 500 g
- Brânză - rasă 1/2 linguriță
- Făină - 2 linguri.
- Unt - 4 linguri.
- Mărar - 1 port
- Ceapa - 1 cap
- Usturoi - 5 - 6 catei
- Ouă - 2 buc.
- piper
- oțet

MOD DE PREPARARE

1. Se caleste in ulei ceapa tocata marunt si usturoiul zdrobit si cand este moale se toarna apa fierbinte peste el.
2. Curatam dovleacul, il taiem cubulete si il adaugam la celelalte produse la fiert la foc mic pana este gata.
3. Se bate făina cu puțină apă și se toarnă în supă, se mai fierbe câteva minute, apoi se adaugă brânza și se amestecă.
4. Se formează supa puțin răcită cu ouăle bătute și se condimentează cu piper negru, oțet și sare.

5. Pentru a servi, presara supa de dovleac cu marar tocat.

74. Bruschetta cu crema de branza

PRODUSE NECESARE

- baghete - 1 buc. cu seminte
- crema de branza - 125 g
- roșii - 2 buc.
- busuioc - proaspăt

MOD DE PREPARARE

1. Bagheta se taie felii pe diagonala. Ungeti fiecare felie cu crema de branza.
2. Tăiați roșiile în bucăți mici și asezonați cu sare, apoi întindeți peste crema de brânză.
3. Aranjați bruschetele într-o tavă și coaceți scurt la cuptor.
4. Cand este gata, presara busuioc proaspat tocat marunt.
5. Sunt cele mai delicioase atunci când sunt consumate încă calde.

75. Inghetata cu crema de branza

PRODUSE NECESARE

- crema de branza - 500 g.
- zahăr - 150 gr.
- smântână - lichid 200 g.

MOD DE PREPARARE

1. Rupem toate ingredientele, punem mai mult sau mai putin zahar dupa gustul nostru.
2. Se pune într-un bol de sticlă și se dă la congelat timp de 2 ore.
3. Se serveste cu adaos de piure de capsuni sau piersici.
4. Putem adăuga în înghețată așchii de nucă de cocos sau coajă de lămâie rasă și o congelăm.

76. Pui cu ardei si branza

PRODUSE NECESARE

- carne de pui - 1 kg
- brânză - 200 g
- ardei - 300 g
- ulei - 60 g
- pătrunjel

MOD DE PREPARARE

1. Fierbeți puiul în apă cu sare. Scoateți-l din bulion, dezosați și tăiați-l în bucăți mici.
2. Prăjiți ardeii, curățați-i de coajă și înăbușiți-i ușor în puțin uleiul încins.
3. Zdrobiți brânza. Întindeți ardeii într-un vas potrivit, aranjați deasupra bucăți de pui, acoperiți cu brânză.
4. Deasupra punem bucatile de carne ramase si untul ramas.
5. Coaceți ușor vasul la cuptor și presărați pătrunjel tocat mărunt.

77. Paste rapide cu brânză topită

PRODUSE NECESARE

- paste - 100 g
- brânză topită - 200 g
- ceapa - 1 cap
- ulei - 40 g
- piure de roșii - 1 lingură.
- pătrunjel

MOD DE PREPARARE

1. Fierbe pastele în apă cu sare și scurge-le. Ceapa se toaca marunt si se caleste in ulei incins.
2. Spre final se adauga piureul de rosii si se prajeste. La amestecul rezultat se adauga pastele si crema de branza tocata marunt.
3. Amestecați amestecul și coaceți la cuptor pentru câteva minute. Se presara patrunjel tocat marunt si se serveste.

78. Spirale de sparanghel și brânză

PRODUSE NECESARE

Clătite

- făină - 1 linguriță. (150 g)
- sare - după gust
- ouă - 2 buc.
- unt - 2 linguri, topit + extra pentru a unge tava

Umplutura

- spanac - 400 g, fără tulpini
- sparanghel - 500 g, tânăr, fraged
- brânză de capră - 3/4 linguriță. (180 g), capră
- ricotta - 1 linguriță. (250 g) ricotta
- sare - după gust
- nucșoară - 1/8 linguriță.
- smântână - 2/3 linguriță, cu conținut scăzut de grăsimi
- unt - 1 lingură, în bucăți
- parmezan - 3/4 (90 g)

MOD DE PREPARARE

1. Clatite: Cerneti faina impreuna cu sarea intr-un castron mediu. Bateți ouăle cu zahărul. Adăugați treptat laptele și untul topit.

Aluatul se amestecă până se omogenizează, după care trebuie să stea o oră. Ungeți tigaia cu uleiul rămas. Cu o linguriță scoateți din tigaie și turnați tigaia. Fiecare clătită se coace pe ambele părți, având grijă să nu se ardă.

2. Umplutura: Se fierbe spanacul cu sparanghelul in apa clocotita cu sare pana se inmoaie. Strângeți și tăiați în felii subțiri. Amesteca spanacul, sparanghelul, branza de capra si ricotta intr-un castron mare. Se presară cu sare și nucșoară. Fiecare clătită este tăiată la 2,5 cm. Cuptorul se încălzește la 200 de grade. Ungeți o tavă de copt cu ulei. Aranjați clătitele feliate . Se toarna smantana si se presara untul si se presara cu parmezan. Coaceți aproximativ 15 minute, până se rumenesc. Se serveste fierbinte.

79. Rulada elvețiană cu brânză mascarpone

PRODUSE NECESARE

- Biscuiți - 2 pachete de obișnuite
- lapte proaspăt - 100 litri
- rom - 50 l
- Mascarpone - 500 g
- Lapte - 200 g condensat
- Migdale - zdrobite aproximativ 100 g

MOD DE PREPARARE

1. Se amestecă laptele rece cu romul și se amestecă. Amesteca si branza cu laptele condensat pana se formeaza o crema spumoasa.

2. Pune folie si pune deasupra 9 biscuiti - 3 randuri de 3 biscuiti. Stropiți cu lapte de rom și ungeți cu smântână. Apoi puneți deasupra un al doilea rând de biscuiți, presărați din nou și întindeți crema până se epuizează produsele. Ultimul strat ar trebui să fie cremă.

3. Folosind folia, ridicați rândurile laterale de biscuiți astfel încât să devină o rolă triunghiulară (cei 3 biscuiți din mijloc ar trebui să rămână pe fund).

4. Modelați-o, strângeți părțile laterale ale foliei și trageți-o strâns. Pune rulada la frigider pentru a o fixa bine. Faceți același lucru cu restul cremei.

5. Înainte de servire, îndepărtați folia și întindeți crema rămasă pe toate părțile ruloului. Adăugați migdalele.

80. Banane la cuptor cu parmezan

PRODUSE NECESARE

- banane - 6 buc.
- parmezan - 100 g (ras)
- pesmet - 1 lingura.
- unt - 2 linguri
- piper negru - ½ linguriță
- sare - ½ linguriță.

MOD DE PREPARARE

1. Curățați o banană și dați-o pe răzătoare.
2. Se aranjeaza intr-o tava unsa cu ulei si presarata cu sare, piper negru, pesmet si branza.
3. Se coace la cuptor pentru 10 minute la 220 de grade.

81. Icre de vinete și brânză

PRODUSE NECESARE

- brânză - 1/2 linguriță. spart
- vinete - 3 buc.
- ulei - 4 linguri.
- usturoi - 4 catei
- oțet - 2 linguri.
- roșii - 1 buc.
- ouă - 1 fiert

MOD DE PREPARARE

1. Vinetele sunt prajite si pasate.
2. Adăugați treptat uleiul, usturoiul zdrobit, brânza și oțetul.
3. Totul se strică foarte bine. Întindeți amestecul pe o farfurie și neteziți.
4. Tăiați roșia și oul în cercuri și decorați piureul cu ele.

82. Focaccia cu umplutură de brânză

PRODUSE NECESARE

ALEU DE FOCACCIA

- drojdie - 25 g sau 2 plicuri de 7 g, uscate
- zahăr - 1 linguriță.
- apă - ¾ cană (200 ml), caldă
- făină - 3 1/3 linguriță. (500), de obicei + ½ linguriță. (75 g), pentru stropire pe desktop
- sare - ¾ linguriță
- apă - 1 linguriță.
- ulei de măsline - 6 linguri.
- brânză - 1 1/4 linguriță. Stracchino sau brânză moale + 1 lingură. lapte

MOD DE PREPARARE

1. Framantam aluatul cu 4 linguri. de ulei de măsline. Se lasă la crescut aproximativ o oră. Ungeți o tavă de copt cu dimensiuni (25 x 38 cm).

2. Aluatul se împarte în două părți și se rulează în două părți în funcție de formele de coacere. O parte este transferată în formular.

3. Intindeti branza pe ea, lasand o fasie goala de 1 cm de-a lungul marginii, apoi intindeti cu

restul de aluat. Se etanșează bine și se lasă la crescut încă 30 de minute.

83. Roșii prăjite cu parmezan

PRODUSE NECESARE

- roșii - 4 buc.
- parmezan - 4 linguri. (brânză rasă
- ouă - 8 buc.
- pesmet - 4 linguri.
- unt - 3 linguri.

MOD DE PREPARARE

1. Roșiile sunt tăiate în jumătate, iar interiorul este scobit.
2. Se bate câte un ou în fiecare jumătate și se stropește cu brânză și pesmet.
3. Pune o bucată de unt și aranjează roșiile într-o tavă unsă cu unt.
4. Coaceți într-un cuptor preîncălzit la 200 de grade.

84. Pizza cu branza si cartofi

PRODUSE NECESARE

ALUAT DE PIZZA

- drojdie - 25 g, proaspătă sau 2 plicuri (7 g fiecare), uscată
- apă - 2/3 linguriță. (150 ml), cald
- făină - 3 lingurițe. (450 g), de obicei = ½ linguriță. (75 g), pentru stropire pe desktop
- sare - ½ linguriță.

Umplutura

- cartofi - 200 g, 1/4, zdrobiți în cuburi
- Emmental - 60 g, tăiat cubulețe
- brie - 60 g, tăiat cubulețe
- ulei de măsline - 1 lingură.
- sare - după gust
- Rozmarin - 1 lingura
- parmezan - 1/2 linguriță. (60g)

MOD DE PREPARARE

1. Aluatul se amestecă împreună cu piureul de cartofi și se lasă la crescut aproximativ o oră și jumătate. O tavă pentru pizza cu diametrul de 30 cm se întinde cu grăsime vegetală.

2. Odată ce aluatul este gata, frământați timp de 1 minut și aplatizați în tava de copt. Se presară Emmental, brânză Brie împreună cu cartofi.

3. Se sare si se presara cu rozmarin si parmezan. Se lasa sa stea aproximativ 30 de minute. Preîncălziți cuptorul la 220 de grade. Coaceți aproximativ 25-30 de minute.

85. Risotto cu nap și brânză

PRODUSE NECESARE

- ceapa - 1 cap, tocat marunt
- napi - 200 g, curatati fin
- unt - 2 linguri
- ulei de măsline - 1 lingură.
- risotto - 1 1/2 linguriță.
- vin alb - 4 linguri.
- bulion - 3 linguri. (750 ml), legume
- sare - după gust
- piper negru - după gust
- brânză - 150 g, Teleggio sau Mozzarella

MOD DE PREPARARE

1. Prăjiți ceapa și napul în ulei și ulei de măsline aproximativ 10 minute. Adăugați orezul, amestecând continuu.
2. Adăugați vinul și bulionul de legume treptat, în porții de 1 linguriță. Se lasă să fiarbă 20 de minute.
3. Sarați și stropiți cu piper negru și brânză Teleggio, mozzarella sau altă brânză după bunul plac.

86. Brânză cu ardei în caserolă

PRODUSE NECESARE

- brânză - 300 g de vacă
- unt - 50 g de vacă
- roșii - 3 buc.
- ardei - 5 buc. dulce + 5 picant
- ardei roșu - 1/2 linguriță.

MOD DE PREPARARE

1. Tăiați brânza în bucăți și distribuiți-le în oale, acoperiți cu rondele de roșii și ardei tăiați pre-prăjiți și curățați.
2. Stropim cu putin unt topit, punem capace si punem la copt.
3. Se adauga ardeii iute tocat si restul de unt topit, prajit cu ardei rosu. Coaceți din nou și serviți.

87. Supă de ouă și brânză

PRODUSE NECESARE

- bulion - 750 ml bulion de pui
- ouă - 1 buc.
- brânză - 4 linguri. Brânză mărunțită
- pătrunjel - 1/2 linguriță.
- legume - 2 linguri. uscate
- tăiței - 1 - 2 pumni, opțional

MOD DE PREPARARE

1. Se pune bulionul pe aragaz la fiert. Adăugați la el oul bătut.
2. Pentru un gust mai bun al supei, adăugați legume uscate și tăiței. Luați de pe foc după 10 minute și turnați în două boluri.
3. Se pun 2 linguri. cascaval ras in fiecare, se presara patrunjel si se serveste fierbinte.

88. Ouă de brânză tracică

PRODUSE NECESARE

- brânză - 200 g
- ouă - 8 buc.
- lapte proaspăt - 400 ml
- patrunjel - 1/2 legatura
- unt - 8 g
- făină - 30 g
- piper
- sare - după gust

MOD DE PREPARARE

1. Batem ouale si adaugam faina, sarea, patrunjelul tocat marunt si restul de lapte proaspat diluat cu putin lapte rece.
2. După ce am amestecat, turnăm amestecul într-o tavă unsă cu unt. Se presară cu brânză rasă, unt pretopit și piper negru.
3. Coaceți vasul într-un cuptor moderat până când devine roz. Serviți imediat. Dacă doriți, puteți decora cu pătrunjel și roșii.

89. Budinca cu conopida si branza

PRODUSE NECESARE

- Conopida - 700 g decojită
- ouă - 4 buc. + 2 proteine
- unt - 60 g
- brânză - 100 g fiartă tare
- pesmet - 50 g
- unt - pentru a întinde + pesmet se presară forma

MOD DE PREPARARE

1. Se toarnă conopida în apă clocotită și cu sare, se fierbe până aproape că se înmoaie, se scurge și se toacă mărunt.
2. Se bate untul cu sarea, se adauga galbenusurile, apoi conopida, branza rasa si pesmetul cernut. La sfarsit se amesteca cu albusurile batute spuma.
3. Se toarnă amestecul cu o tavă de copt unsă și pane. Pune budinca de conopida la cuptor la cuptorul mic.
4. In mod traditional, budinca se serveste cu cartofi fierti sau piure si salata de legume. Budinca din alte legume, precum varza, se prepară în același mod.

90. Salată cu cartofi și brânză

PRODUSE NECESARE

- brânză - 250 g
- murături - 2 bucăți
- cartofi - 2 bucati, fierti cu coaja
- ceapa - 1 cap
- ulei
- smântână
- Muștar
- oțet
- usturoi - tocat mărunt
- piper

MOD DE PREPARARE

1. Tăiați castraveții și cartofii curățați în fâșii. Tăiați ceapa, dați pe răzătoare brânza sau brânza galbenă dacă doriți.
2. Se amestecă castraveții, cartofii, brânza și se adaugă ingredientele rămase și condimentele.
3. Amestecați ușor salata și serviți după 30 de minute.

91. Rulouri cu brânză și șuncă

PRODUSE NECESARE

- aluat foietaj - congelat 500 g.
- sunca - 100 gr.
- brânză - 100 g.
- murături - 2 buc.
- măsline - 5 buc.
- maioneză - 1 linguriță.
- smântână 2 linguri.
- muștar - 1 linguriță
- ceapa - proaspata 1 tulpina
- patrunjel - 3 linguri.

MOD DE PREPARARE

1. Dezghețați aluatul foietaj la frigider. Scoateți, desfășurați și tăiați în pătrate cu latura de 6 cm. Fiecare pătrat este tăiat cu un cuțit ascuțit conform schemei. Colțurile tăiate sunt lipite de partea opusă cu puțină apă rece.

2. Aranjați gălețile la o distanță mai mare într-o tavă tapetată cu hârtie de copt și coaceți în cuptorul preîncălzit la 200°C. Când cresc, scoateți din cuptor și partea de mijloc și presați marginile cu o lingură mică. Se pun din nou la copt. Când se înroșesc bine,

scoateți-le și, dacă este necesar, apăsați-le din nou în mijloc pentru a face o cană. Se lasa sa se raceasca.

3. Maioneza se amestecă cu smântână, muștar și ceapă proaspătă tocată mărunt. Adaugam sunca tocata, branza, maslinele taiate cubulete si muraturi tocate marunt. Dacă este necesar, asezonați cu suc de lămâie, piper și sare.

4. Umpleți bolurile cu umplutura rezultată și presărați pătrunjel tocat.

5. Idee - tufele finite pot fi stropite cu brânză galbenă rasă fin și bucăți de castraveți

92. Broccoli cu brânză aburită

PRODUSE NECESARE

- broccoli - 1 kg
- brânză - 20 - 100 g rasă
- unt - 100 g de vacă
- ouă - 2 gălbenușuri
- suc de lamaie

MOD DE PREPARARE

1. Împărțiți broccoli în trandafiri și tăiați-le tulpinile.
2. Curățați tulpinile tăiate și tăiați-le.
3. Tăiați inflorescențele mai mari pe lungime.
4. Pune totul în cuptorul cu abur și gătește timp de 10 minute, astfel încât să își păstreze culoarea deplină.
5. Când serviți, adăugați sare și stropiți cu brânză rasă.
6. Pentru sos, bate galbenusurile cu 2 linguri. apă călduță. Adăugați untul și amestecați. Se incinge pana devine cremos, dar nu lasa sosul sa fiarba. Asezonați cu suc de lămâie și sare după gust.

93. Ciorba de galbenusuri cu branza

PRODUSE NECESARE

- Bulion - 1,25 litri de pui
- ouă - 4 buc. gălbenușuri
- brânză - 120 g
- piper

MOD DE PREPARARE

1. Separam galbenusurile si le batem impreuna cu branza tocata marunt. Încingeți-le la foc foarte mic până se topește brânza.
2. Amestecând constant, adăugați treptat bulionul de pui. Se încălzește aproape până la fierbere. Se ia de pe foc si se serveste.
3. Dacă se dorește, se condimentează cu sare și piper și se presară puțin pătrunjel tocat mărunt.
4. De acum încolo poți adăuga pește, pui sau altă carne în supă - o chestiune de alegere.

94. Caserolă cu quinoa și brânză

PRODUSE NECESARE

- quinoa - 150 g
- apă - 3 căni de ceai
- sare - 1/2 linguriță
- ouă - 2 buc.
- tofu - 200 g
- brânză - 100 g tare
- brânză galbenă - 70 g
- roșii - 1 buc.
- piper

MOD DE PREPARARE

1. Se toarnă quinoa cu apă cu sare, se aduce la fierbere și se fierbe la foc mic aproximativ 15 minute. Între timp, bateți ouăle și adăugați la ele tofu mărunțit, sare și piper.

2. Amestecați quinoa cu amestecul de ouă, amestecați bine, acoperiți cu felii de brânză galbenă (sau Camembert) și aranjați deasupra roșiile feliate și acoperiți cu brânză tare rasă.

3. Coaceți vasul timp de aproximativ 15-20 de minute într-un cuptor preîncălzit la 180 de grade. Se serveste presarat cu patrunjel.

95. Spanac cu ceapă și brânză

PRODUSE NECESARE

- spanac - 800 g
- ceapa verde - 1 link
- brânză - 120 g
- iaurt - 100 g
- făină - 1 lingură.
- usturoi - 1 buchet proaspăt
- suc de lamaie
- ulei
- pătrunjel

MOD DE PREPARARE

1. Ceapa, usturoiul și spanacul se taie în bucăți mari și se scufundă în apă clocotită cu sare, apoi se scurg și se macină. Se bate laptele acru cu faina si se pune pe foc.

2. Adăugați produsele măcinate, sucul de lămâie, uleiul, sarea și pătrunjelul tocat în sosul care fierbe deja. Se amestecă constant, iar la final se adaugă brânza rasă.

96. Fripturi de porc cu brânză topită

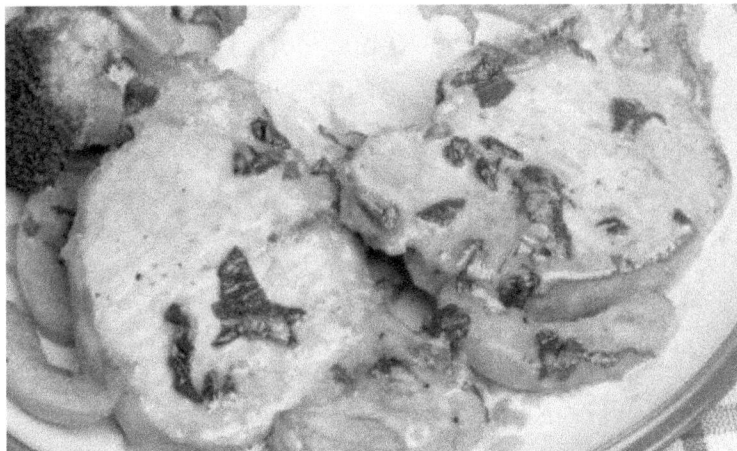

PRODUSE NECESARE

- cotlete de porc - 6 buc. cotlet sau gât

PENTRU SOS

- ceapa - 1 ceapa
- lapte proaspăt - 300 ml
- brânză topită - 6 bucăți triunghiulare
- bulion - 1 cub de vițel
- făină - 2 linguri.

MOD DE PREPARARE

1. Șuncă cotletele de porc cu un ciocan, sare pe ambele părți și pune-le pe fundul unei tigaie.
2. Se rade ceapa și se strecoară sucul prin tifon. Avem nevoie de aproximativ 2-3 linguri. Laptele se încălzește.
3. Se stropește cubul zdrobit de bulion de vită și se amestecă bine. Se adaugă bucăți de brânză topită, sos de ceapă și făină și amestecă totul până la un sos omogen.
4. Turnați sosul aromat peste cotletele de porc și coaceți în cuptorul preîncălzit la 180 de grade pentru aproximativ 45 de minute.

97. Supă de ardei și brânză

PRODUSE NECESARE

- brânză - 100 g
- făină - 1 lingură
- ardei - 5 buc. roşu
- usturoi - 2 capete
- ulei - 2 linguri.
- piper
- smântână - 3 - 4 linguri. fermentat

MOD DE PREPARARE

1. Ceapa şi ardeiul se toacă mărunt şi se fierb în apă cu sare până se înmoaie. Se ia de pe foc, se strecoară şi se pune la foc mic.
2. E timpul să rulăm brânza mărunţită în făină şi să o punem în supa fierbinte. Se lasa sa fiarba inca 15 minute la foc mic.
3. Serviţi supa cu 1 lingură. smantana si piper negru.

98. Plăcinte cu brânză și susan

PRODUSE NECESARE

- aluat foietaj - 1 pachet.
- brânză - 200 g Feta (sau alt alb)
- ouă - 2 buc.
- brânză galbenă - 1 linguriță. ras
- semințe de susan - 1 linguriță.
- unt - 1 1/2 linguriță.
- Pătrunjel - 1 conexiune
- mentă

MOD DE PREPARARE

1. Dovleceii se curăță, se dau pe răzătoare și se toacă mărunt. Se amestecă cu ouăle bătute, menta tocată, brânza galbenă rasă și brânza pe care ai zdrobit-o cu furculița. Adăugați puțină sare și piper.

2. Intindem aluatul de foietaj finit si taiati-l fasii de 5-6 pe 30 de centimetri. Aplicați mult ulei pe suprafață. La sfârșitul fiecărei benzi se toarnă 1-2 lingurițe. umplutura, apoi pliaza marginea astfel incat sa se obtina un triunghi. Tăiați-o din bandă și apăsați marginile.

3. Repetați până când produsele sunt epuizate. Aranjați plăcintele finite într-o tavă unsă în

prealabil. Se presara cu seminte de susan si se pulverizeaza usor cu apa.

4. Pune-le la cuptorul preincalzit moderat si coacem aproximativ 15-20 de minute.

99. Chifle de dovlecel cu brânză

PRODUSE NECESARE

- dovlecel - 2 buc.
- făină - 2 lingurițe.
- ouă - 3 buc
- iaurt - 1/2 linguriță.
- bicarbonat de sodiu - 1 linguriță.
- brânză - 150 g
- usturoi - 5 catei
- mărar - 1/2 conexiune
- patrunjel - 1/2 legatura
- piper
- ulei - pentru baie de ulei

MOD DE PREPARARE

1. Dovleceii se curăță și se dau pe răzătoare medie.
2. Adaugam ouale batute, faina, branza, usturoiul tocat, mararul, patrunjelul si iaurtul in care am dizolvat sifonul. Se condimentează cu piper negru și sare.
3. Amestecați bine amestecul și cu ajutorul unei linguri unse cu ulei, coborâți chiflele de dovlecei pregătite cu brânză într-o baie de ulei încins.

4. Serviți chiflele de legume pe frunze de salată verde și crenguțe de pătrunjel.
5. Chifle delicioase pentru iubitorii de rețete fără carne.

100. Brânză prăjită în frunză de viță de vie

PRODUSE NECESARE

- brânză - 500 g, murat alb
- roșii - 2 buc.
- frunze de viță de vie – proaspete
- Oregano - 1 praf
- ceapa - 1 buc. roșu
- ulei de măsline
- pâine
- usturoi

MOD DE PREPARARE

1. Tăiați brânza în bucăți mici. Dacă frunzele de viță de vie sunt mai mari - conform acestora. Tocați roșiile și ceapa. Asezonați roșiile cu un praf de oregano și sare.

2. Pune pe fiecare frunză o bucată de brânză, deasupra o bucată de roșie și o felie de ceapă. Stropiți cu câteva picături de ulei de măsline. Înfășurați foaia într-un pachet.

3. Puneți pachetele de viță de vie pregătite pe un grătar încălzit și coaceți 2-3 minute pe fiecare parte. Pâine prăjită felii.

4. Frecati-le calde cu un catel de usturoi si turnati ulei de masline. Pe fiecare felie se pune un pachet de frunze de vita de vie cu

branza. Stropiți din nou cu câteva picături de ulei de măsline. Aranjați într-o farfurie potrivită și serviți brânza coptă! Brânză la grătar foarte gustoasă, cu gust de bucătărie mediteraneană!

5. Distrează-te cu brânză prăjită în frunză de viță de vie!

CONCLUZIE

Brânza este făcută în principal din lapte de vacă, dar poate fi făcută și din lapte de capră sau de oaie. Camembert, Emmentaler, brânză de vaci, ricotta, Brie, Gruyère, Parmezan, Mozzarelle și alte soiuri populare includ Camembert, Emmentaler, brânză de vaci, ricotta, Brie, Gruyère, Parmezan, Mozzarelle și altele. Diverse tipuri de brânză sunt folosite pentru a completa și a rafina multe rețete de brânză.

Unele mirosuri de brânză pot fi foarte puternice, așa că depozitarea brânzei este extrem de importantă. Fondue de brânză și raclette sunt două dintre cele mai cunoscute rețete de brânză. De asemenea, pot fi preparate și încercate mâncăruri cu brânză caldă, reci și dulci. Suntem încrezători că avem rețeta de brânză perfectă pentru tine.